Habilidades interpersonales del mañana: preparación para el futuro del trabajo

Copyright © 2024 Reginaldo Osnildo
Reservados todos los derechos.

PRESENTACIÓN

INTRODUCCIÓN A LAS HABILIDADES BLANDAS DEL FUTURO

ADAPTABILIDAD Y FLEXIBILIDAD

PENSAMIENTO CRÍTICO Y RESOLUCIÓN DE PROBLEMAS

CRATIVIDAD E INNOVACIÓN

INTELIGENCIA EMOCIONAL

COLABORACIÓN Y TRABAJO EN EQUIPO

COMUNICACIÓN EFECTIVA

LIDERAZGO Y GESTIÓN DE PERSONAS

APRENDIZAJE CONTINUO Y DESARROLLO PERSONAL

GESTIÓN DEL TIEMPO Y PRODUCTIVIDAD

ÉTICA PROFESIONAL Y RESPONSABILIDAD SOCIAL

CAPACIDAD DE NEGOCIACIÓN

EMPATÍA Y RELACIONES INTERPERSONALES

CONCIENCIA CULTURAL Y DIVERSIDAD

MINDFULNESS Y BIENESTAR

TOMA DE DECISIONES BASADA EN DATOS

HABILIDADES DIGITALES

SOSTENIBILIDAD Y CONCIENCIA ECOLÓGICA

GESTIÓN DEL CAMBIO

REDES ESTRATÉGICAS

RESILIENCIA

AUTOGESTIÓN

PERSUASIÓN E INFLUENCIA

RETROALIMENTACIÓN Y AUTOCRÍTICA CONSTRUCTIVA

INTEGRANDO LAS HABILIDADES BLANDAS DEL FUTURO

REGINALDO OSNILDO

PRESENTACIÓN

Bienvenido al comienzo de un viaje transformador que lo preparará para el panorama profesional dinámico que nos espera: **"Habilidades interpersonales del mañana: preparación para el futuro del trabajo"**. Este libro es una invitación para ti, ya seas un estudiante con ganas de dar tus primeros pasos en el mundo profesional o un profesional experimentado que busca adaptarse a las nuevas exigencias del mercado, a profundizar en las habilidades más valoradas en el futuro laboral.

Vivimos en una era de cambios acelerados, donde la tecnología avanza a pasos agigantados, transformando no sólo la forma en que vivimos, sino también la forma en que trabajamos. En este escenario, las habilidades técnicas son esenciales, pero son las habilidades sociales (esas habilidades interpersonales y personales) las que determinarán quién se destaca y quién se queda atrás. Este libro ha sido cuidadosamente elaborado para brindarle información detallada sobre las habilidades interpersonales necesarias para navegar con éxito en este nuevo entorno laboral.

A lo largo de las páginas de este libro, compartiré mis conocimientos sobre cómo han evolucionado estas competencias básicas y cómo se pueden desarrollar de forma eficaz. Desde la adaptabilidad y la flexibilidad hasta el liderazgo y la gestión de personas, pasando por la importancia del bienestar físico y mental en el lugar de trabajo, cada capítulo ha sido diseñado no sólo para sintetizar el conocimiento existente, sino también para enriquecerlo con conocimientos prácticos que facilitarán su aprendizaje. y viaje de desarrollo.

Descubrirá que al centrarse en desarrollar estas habilidades, no sólo podrá mejorar su empleabilidad, sino también su eficacia profesional y satisfacción laboral. A lo largo del libro, se le recordará constantemente que desarrollar estas habilidades es una inversión en su carrera y, lo más importante, en usted mismo.

Cada capítulo está diseñado para ser autónomo y brindar una

comprensión integral de cada habilidad, junto con estrategias prácticas para desarrollarlas. Pero no se trata sólo de aprender; Se trata de aplicar este conocimiento en tu vida diaria profesional y personal. Por eso, al final de cada capítulo, te invito a reflexionar sobre cómo estas habilidades se manifiestan en tu vida y cómo puedes tomar pasos concretos para mejorarlas.

Al embarcarse en este viaje con nosotros, dará un paso importante hacia la preparación para el futuro del trabajo. Un futuro que valora no sólo lo que sabes, sino quién eres como persona y como profesional. ¿Estas listo para empezar? Entonces, pasa página y entra en el mundo de las "Habilidades blandas del futuro". El próximo capítulo le espera con información valiosa sobre la creciente importancia de las habilidades interpersonales en el mercado laboral del futuro. Juntos, exploraremos cómo estas habilidades se convertirán en sus mejores aliados para construir una carrera exitosa y significativa.

Tuyo sinceramente

Reginaldo Osnildo

INTRODUCCIÓN A LAS HABILIDADES BLANDAS DEL FUTURO

A medida que avanzamos hacia un futuro cada vez más impredecible y tecnológicamente avanzado, el panorama del mercado laboral se está transformando a un ritmo sin precedentes. En este capítulo, descubrirá por qué las habilidades interpersonales son cada vez más valoradas por los empleadores y cómo podrían ser la clave no sólo para sobrevivir, sino también para prosperar en el futuro del trabajo.

EL AUMENTO DE LAS HABILIDADES BLANDAS

Históricamente, las habilidades técnicas se consideraban el principal factor de empleabilidad y éxito profesional. Sin embargo, a medida que las máquinas y la inteligencia artificial comienzan a hacerse cargo de tareas técnicas y repetitivas, las habilidades humanas únicas están pasando a primer plano. La capacidad de adaptarse, pensar críticamente, innovar y colaborar se valora ahora más que nunca. Los estudios e investigaciones de organizaciones líderes como el Foro Económico Mundial destacan constantemente las habilidades interpersonales como fundamentales para el futuro del trabajo.

¿POR QUÉ IMPORTAN LAS HABILIDADES BLANDAS?

Quizás se pregunte: "¿Por qué exactamente son tan importantes las habilidades interpersonales?" La respuesta es multifacética. En primer lugar, las habilidades interpersonales facilitan la adaptación a entornos laborales cambiantes, lo que le permite afrontar con éxito nuevos desafíos y tecnologías. En segundo lugar, son cruciales para construir relaciones profesionales sólidas, ya sea con colegas, clientes o gerentes, fomentando ambientes de trabajo colaborativos y productivos. Además, las soft skills mejoran las habilidades de liderazgo, fomentando la motivación y la innovación en los equipos.

DESARROLLANDO TUS HABILIDADES BLANDAS

La buena noticia es que, a diferencia de muchas habilidades técnicas, las habilidades sociales se pueden desarrollar independientemente de su formación académica o experiencia profesional. A lo largo de este libro, exploraremos métodos y prácticas para fortalecer estas habilidades esenciales. Desde la reflexión y la autoconciencia hasta la práctica deliberada y la retroalimentación constructiva, descubrirá estrategias efectivas para convertirse en un profesional más adaptable, innovador y colaborativo.

PENSAR SOBRE

A medida que avanza en este capítulo, lo invito a reflexionar sobre las siguientes preguntas: ¿Cómo han desempeñado las habilidades interpersonales un papel en su carrera o educación hasta ahora? ¿Qué habilidades interpersonales cree que son sus puntos fuertes y cuáles le gustaría desarrollar más?

Este capítulo es solo el comienzo de su viaje para comprender y mejorar las habilidades que darán forma al futuro del trabajo. A medida que profundice en las siguientes páginas, obtendrá información valiosa sobre cada una de las habilidades interpersonales esenciales y aprenderá estrategias prácticas para cultivarlas.

ADAPTABILIDAD Y FLEXIBILIDAD

Mientras se prepara para pasar página, espere con ansias el siguiente capítulo, donde exploramos la importancia de la adaptabilidad y la flexibilidad. En este mundo en constante cambio, la capacidad de adaptarse rápidamente a nuevos entornos y situaciones laborales es esencial. Descubramos juntos cómo puedes desarrollar esta habilidad crucial para enfrentar con confianza los desafíos que depara el futuro. Prepárese para embarcarse en un viaje para convertirse en un profesional más resiliente y versátil.

ADAPTABILIDAD Y FLEXIBILIDAD

En un mundo donde la única constante es el cambio, su capacidad de adaptarse y ser flexible no es sólo una habilidad deseable; es una necesidad absoluta. En este capítulo, explorará la esencia de la adaptabilidad y la flexibilidad en el lugar de trabajo moderno y cómo estas habilidades pueden ser su mayor activo en un mercado laboral en constante evolución.

ENTENDIENDO LA ADAPTABILIDAD Y LA FLEXIBILIDAD

La adaptabilidad se refiere a su capacidad para adaptarse rápidamente a nuevas condiciones, desafíos y entornos laborales. Es la capacidad de "navegar las olas" de los cambios sin perder el foco en tus objetivos. La flexibilidad es complementaria y se relaciona con su voluntad de cambiar planes, estrategias y comportamientos en respuesta a las necesidades cambiantes de su entorno laboral.

Juntos, estos atributos le permiten ver la incertidumbre y el cambio no como obstáculos, sino como oportunidades de crecimiento y aprendizaje. En un mundo donde las transformaciones tecnológicas y las innovaciones disruptivas redefinen constantemente los parámetros del éxito profesional, ser adaptable y flexible significa estar siempre a la vanguardia.

¿POR QUÉ SON IMPRESCINDIBLES?

En un entorno laboral que valora la innovación y la velocidad, la adaptabilidad y la flexibilidad son más que simples habilidades útiles; son imperativos estratégicos. Te permiten:

- Abordar desafíos desconocidos con una mentalidad de resolución de problemas en lugar de resistencia.

- Mantener la relevancia profesional adaptándose a las nuevas tecnologías y métodos de trabajo.

- Colaborar eficazmente en una diversidad de equipos y proyectos, ajustándose a diferentes dinámicas y expectativas.

- Liderar con confianza en situaciones inciertas, guiando a su equipo a través del cambio con una actitud positiva y proactiva.

CULTIVAR LA ADAPTABILIDAD Y LA FLEXIBILIDAD

Desarrollar la adaptabilidad y la flexibilidad requiere práctica y reflexión conscientes. A continuación se presentan algunas estrategias que le ayudarán a cultivar estas habilidades:

- **Aceptar el cambio:** ver el cambio como una oportunidad de crecimiento. Ponte a prueba y sal de tu zona de confort con regularidad para sentirte más cómodo con lo desconocido.

- **Desarrolla una mentalidad de crecimiento**: cree en tu capacidad para aprender y mejorar. Considere los errores y fracasos como lecciones valiosas en lugar de obstáculos.

- **Practica la flexibilidad de pensamiento**: Entrénate para pensar en alternativas y posibilidades. Cuando se enfrente a un problema, intente identificar varias soluciones potenciales.

- **Manténgase informado:** manténgase actualizado sobre las tendencias de su industria y las innovaciones tecnológicas. Esto te ayudará a anticipar los cambios y adaptarte a ellos más rápidamente.

- **Cultivar la resiliencia:** Desarrolla tu capacidad para recuperarte de los contratiempos. Considérelos como pasos temporales en su camino hacia el éxito.

PENSAR SOBRE

A medida que avance en este capítulo, reflexione sobre situaciones de su vida profesional o personal en las que la adaptabilidad y la flexibilidad fueron cruciales para su éxito. ¿Cómo reaccionó ante estos cambios? ¿Qué aprendiste de ellos?

Este capítulo es una invitación para que acepte el cambio, no sólo como un aspecto inevitable de la vida, sino como una oportunidad para crecer y prosperar en cualquier entorno laboral. La adaptabilidad y la flexibilidad no se tratan sólo de sobrevivir al cambio; se trata de florecer gracias a ellos.

PENSAMIENTO CRÍTICO Y RESOLUCIÓN DE PROBLEMAS

Mientras se prepara para pasar página, anticipe el siguiente capítulo, que lo adentrará profundamente en el mundo del pensamiento crítico y la resolución de problemas. Descubrirá cómo desarrollar la capacidad de analizar información de forma eficaz, pensar de forma independiente y encontrar soluciones innovadoras a los complejos desafíos del lugar de trabajo moderno. Prepárate para fortalecer tu mente con herramientas que transformarán los obstáculos en peldaños hacia tu éxito.

PENSAMIENTO CRÍTICO Y RESOLUCIÓN DE PROBLEMAS

En un mundo donde la información abunda y las situaciones complejas son comunes, el pensamiento crítico y la resolución de problemas emergen como habilidades indispensables. Este capítulo está dedicado a explorar cómo puede desarrollar estas habilidades, lo que le permitirá no sólo comprender mejor el mundo que lo rodea, sino también tomar decisiones informadas y encontrar soluciones creativas a los desafíos que enfrenta.

EL PODER DEL PENSAMIENTO CRÍTICO

El pensamiento crítico es la capacidad de analizar información y argumentos de manera objetiva y racional, identificando suposiciones, evaluando evidencia y discerniendo conclusiones válidas de las inválidas. En esencia, es una forma de pensar que lo cuestiona todo, en lugar de aceptar afirmaciones a primera vista. En el lugar de trabajo, el pensamiento crítico permite abordar los problemas de forma sistemática, evitar errores de razonamiento comunes y tomar decisiones basadas en análisis profundos y bien fundamentados.

EL ARTE DE RESOLVER PROBLEMAS

La resolución de problemas es una aplicación directa del pensamiento crítico. Consiste en la capacidad de afrontar un desafío o una situación no deseada y trabajar sistemáticamente para encontrar una solución eficaz. En un contexto profesional, esto significa ser capaz de identificar problemas, explorar posibles soluciones, evaluar alternativas e implementar la más adecuada. Esta habilidad se valora especialmente en entornos laborales dinámicos, donde la capacidad de responder de forma rápida e innovadora puede marcar la diferencia entre el éxito y el fracaso.

DESARROLLAR HABILIDADES DE PENSAMIENTO CRÍTICO Y RESOLUCIÓN DE PROBLEMAS

Aquí hay algunas estrategias para fortalecer su pensamiento crítico y sus habilidades de resolución de problemas:

- **Cuestionar los supuestos:** Desarrollar el hábito de

cuestionar los supuestos, tanto propios como de los demás. Esto puede revelar nuevas perspectivas y posibilidades.

- **Analizar información:** Practicar el análisis de información de diversas fuentes. Aprenda a identificar sesgos, reconocer patrones y sacar conclusiones significativas.

- **Participar en discusiones constructivas:** participe en debates y discusiones que desafíen su pensamiento. La exposición a diferentes puntos de vista puede mejorar su capacidad para argumentar y analizar.

- **Resolver problemas de forma creativa:** Ver cada problema como una oportunidad para innovar. Explora soluciones alternativas y no tengas miedo de experimentar.

- **Aprender de la experiencia:** Reflexionar sobre las soluciones que has implementado, tanto exitosas como fallidas. Cada experiencia es una lección valiosa.

PENSAR SOBRE

A medida que avance en este capítulo, reflexione sobre situaciones en las que el pensamiento crítico o la resolución de problemas fueron fundamentales para su éxito. ¿Cómo abordaste estas situaciones? ¿Qué podrías haber hecho diferente?

Este capítulo no es sólo una guía para pensar más eficazmente; es una invitación a convertirse en un solucionador de problemas innovador y un tomador de decisiones seguro. Al cultivar el pensamiento crítico y las habilidades de resolución de problemas, se equipará con herramientas poderosas para enfrentar los desafíos del lugar de trabajo moderno y más allá.

CRATIVIDAD E INNOVACIÓN

Mientras se prepara para explorar el siguiente capítulo, sepa que nos sumergiremos en el corazón de la innovación: la creatividad. Descubramos juntos cómo liberar tu potencial creativo, transformando ideas en soluciones innovadoras que no sólo resuelven problemas, sino que también abren nuevos caminos y oportunidades. Prepárese para inspirarse y dejarse inspirar mientras exploramos cómo se puede cultivar, fomentar y aplicar la creatividad en todas las facetas de su vida profesional.

CRATIVIDAD E INNOVACIÓN

En un mundo que cambia rápidamente, la creatividad y la innovación son más que habilidades deseables; son esenciales para el éxito y la sostenibilidad en el lugar de trabajo del futuro. En este capítulo, exploraremos cómo puede desbloquear y nutrir su creatividad, convirtiéndola en innovación que no solo resuelve problemas, sino que también abre nuevos caminos y crea oportunidades inimaginables.

ENTENDIENDO LA CREATIVIDAD Y LA INNOVACIÓN

La creatividad es la capacidad de pensar en nuevas ideas y conceptos que sean originales y útiles. Es la chispa que enciende el fuego de la innovación. La innovación, a su vez, es la aplicación práctica de estas ideas creativas para producir soluciones, productos o métodos nuevos y mejorados. Juntas, la creatividad y la innovación forman el motor que impulsa el progreso y el desarrollo en todas las esferas de la actividad humana, especialmente en el lugar de trabajo.

¿POR QUÉ SON IMPORTANTES?

La creatividad y la innovación son cruciales porque permiten a las organizaciones y a las personas adaptarse y prosperar en mercados y entornos que cambian constantemente. Son la clave para resolver problemas complejos, mejorar procesos, desarrollar nuevos productos o servicios y crear ventajas competitivas. En un entorno profesional, las personas creativas e innovadoras son muy valoradas porque pueden ver más allá del status quo, imaginando posibilidades que otros no pueden percibir.

DESBLOQUEANDO TU CREATIVIDAD

A continuación se presentan algunas estrategias que le ayudarán a dar rienda suelta y cultivar su creatividad:

- **Entorno propicio:** Crear un espacio físico y mental que fomente la experimentación y la exploración. Un entorno libre de juicios y abierto a nuevas ideas es fundamental.

- **Diversifica tus experiencias:** Expónte a nuevas experiencias, culturas y conocimientos. La diversidad de experiencias enriquece tu mente y alimenta tu creatividad.

- **Hora de incubar:** Date permiso para soñar despierto. Las mejores ideas suelen surgir cuando no intentamos forzarlas.

- **Creación rápida de prototipos:** no tengas miedo de fallar. Crea rápidamente un prototipo de tus ideas, pruébalas, aprende de los resultados y ajústalas según sea necesario.

- **Colaboración:** Intercambiar ideas con otras personas. La colaboración puede ser una herramienta poderosa para estimular la creatividad y desarrollar soluciones innovadoras.

PENSAR SOBRE

A medida que avance en este capítulo, piense en los momentos en los que se sintió más creativo. ¿Qué estimuló esta creatividad? Además, considere una situación reciente en la que un enfoque creativo podría haber sido beneficioso. ¿Cómo puedes aplicar lo que aprendiste aquí para abordar los desafíos futuros de manera más creativa?

Este capítulo sirve como recordatorio de que la creatividad y la innovación son habilidades que todos tenemos y podemos desarrollar. Con práctica, paciencia y la mentalidad adecuada, puedes convertir tus ideas creativas en innovaciones que marquen la diferencia.

INTELIGENCIA EMOCIONAL

Mientras se prepara para seguir adelante, el siguiente capítulo le guiará a través del mundo de la inteligencia emocional. Descubrirás cómo la capacidad de comprender y gestionar tus emociones y las de los demás puede mejorar significativamente la comunicación, la colaboración y el liderazgo. Prepárese para explorar cómo la inteligencia emocional puede ser su aliado más poderoso para construir relaciones profesionales sólidas y lograr un éxito duradero.

INTELIGENCIA EMOCIONAL

La inteligencia emocional, una habilidad vital en el mundo profesional actual y futuro, es la capacidad de reconocer, comprender y gestionar sus propias emociones, así como las de los demás. En este capítulo, profundizaremos en la esencia de la inteligencia emocional y descubriremos cómo puede transformar su eficacia profesional, sus relaciones en el trabajo y su satisfacción personal.

ENTENDIENDO LA INTELIGENCIA EMOCIONAL

La inteligencia emocional (IE) implica cinco componentes clave: autoconciencia, autogestión, conciencia social, gestión de relaciones y empatía. Juntos, forman la base para una comunicación eficaz, una toma de decisiones racional, un liderazgo inspirador y sólidas habilidades de colaboración y negociación. En el lugar de trabajo, la IE le permite navegar con éxito situaciones sociales complejas, resolver conflictos de manera constructiva y liderar con empatía y comprensión.

¿POR QUÉ ES IMPORTANTE LA INTELIGENCIA EMOCIONAL?

En un mundo donde la automatización y la inteligencia artificial son cada vez más frecuentes, las habilidades humanas únicas como la IE se vuelven cada vez más valiosas. La capacidad de conectarse a nivel emocional con colegas y clientes puede diferenciar a un profesional promedio de uno extraordinario. Además, la inteligencia emocional es clave para crear un ambiente de trabajo positivo donde florezcan la confianza, el respeto mutuo y la colaboración.

DESARROLLANDO TU INTELIGENCIA EMOCIONAL

A continuación te presentamos algunas estrategias para fortalecer tu inteligencia emocional:

- **Practica el autoconocimiento:** tómate un tiempo para reflexionar sobre tus emociones y las causas detrás de ellas. Llevar un diario puede ser una herramienta útil para esta práctica.

- **Gestiona tus emociones:** aprende técnicas de control emocional, como la respiración profunda, para mantener la calma en situaciones estresantes.

- **Desarrollar la empatía:** Intenta ponerte en el lugar de los demás para comprender sus puntos de vista y emociones. Esto puede mejorar significativamente sus interacciones y comunicaciones.

- **Mejora tus habilidades sociales:** Practica la escucha activa y la comunicación asertiva. Muestra interés genuino por las personas que te rodean y sus inquietudes.

- **Cultivar relaciones positivas:** Invertir tiempo y energía para construir y mantener relaciones saludables en el trabajo. Sea proactivo al ofrecer apoyo y aliento a los demás.

PENSAR SOBRE

Mientras explora este capítulo, reflexione sobre momentos en los que la inteligencia emocional ha desempeñado un papel en su vida profesional. ¿Cómo influyó la autogestión o la empatía en los resultados de estas situaciones? Considere áreas en las que podría mejorar su IE y cómo esto podría afectar su carrera.

La inteligencia emocional no es sólo una habilidad esencial para el éxito profesional; también es fundamental para el bienestar personal y la construcción de relaciones significativas. Al dedicarte a desarrollar tu IE, estás invirtiendo no sólo en tu carrera, sino también en tu calidad de vida.

COLABORACIÓN Y TRABAJO EN EQUIPO

Mientras se prepara para avanzar, el siguiente capítulo le llevará a comprender mejor la colaboración y el trabajo en equipo. Descubrirá cómo, independientemente de su función, contribuir eficazmente a un grupo puede generar resultados excepcionales, promover la innovación y crear un ambiente de trabajo positivo. Prepárate para explorar las claves para un trabajo en equipo exitoso y cómo tu inteligencia emocional puede enriquecer tu contribución a cualquier equipo.

COLABORACIÓN Y TRABAJO EN EQUIPO

En el dinámico lugar de trabajo actual, la colaboración y el trabajo en equipo no sólo son beneficiosos; son indispensables. Este capítulo lo guiará a través de la importancia de construir y mantener equipos fuertes y cómo su contribución puede catalizar el éxito colectivo. Profundicemos en estrategias que pueden ayudarle a convertirse en un miembro valioso del equipo y un colaborador eficaz, independientemente de su función o industria.

LA ESENCIA DE LA COLABORACIÓN Y EL TRABAJO EN EQUIPO

El trabajo en equipo es la práctica de trabajar colectivamente para lograr un objetivo común, mientras que la colaboración implica compartir conocimientos, aprendizaje y esfuerzos para crear algo nuevo o resolver problemas complejos. Ambos se basan en la comunicación efectiva, la confianza mutua y el respeto, creando un entorno donde la innovación y la eficiencia pueden florecer.

¿POR QUÉ SON CRUCIAL?

En un mundo cada vez más conectado, la capacidad de trabajar bien con otros es más que una necesidad: es un requisito. Los proyectos complejos y los objetivos ambiciosos a menudo requieren una diversidad de habilidades, perspectivas y experiencias que ningún individuo puede poseer por sí solo. Además, un entorno de trabajo colaborativo promueve un sentido de pertenencia y compromiso, que son cruciales para la retención del talento y la satisfacción laboral.

CONSTRUYENDO HABILIDADES DE COLABORACIÓN Y TRABAJO EN EQUIPO

Para destacarse en un entorno colaborativo, considere las siguientes estrategias:

- **Comunicarse eficazmente:** Practicar la escucha activa y la comunicación clara. Asegúrese de que se comprendan sus ideas y comentarios y, a la inversa, esfuércese por comprender los puntos de vista de los demás.

- **Promover la confianza y el respeto:** Sea digno de confianza, cumpla sus promesas y muestre respeto por las ideas y contribuciones de los demás. Un entorno de trabajo donde las personas se sienten valoradas favorece la colaboración.

- **Ser adaptable:** Estar abierto a cambios y nuevas ideas. La capacidad de adaptarse y aceptar las contribuciones de los demás es crucial para el éxito del trabajo en equipo.

- **Fomentar la diversidad de pensamiento:** Valorar las diferentes perspectivas y habilidades que cada miembro aporta al equipo. La diversidad puede ser una poderosa fuente de innovación y soluciones creativas.

- **Desarrollar inteligencia emocional:** utilice su inteligencia emocional para navegar y mediar en conflictos, y para construir relaciones sólidas dentro del equipo.

PENSAR SOBRE

A medida que avance en este capítulo, reflexione sobre los equipos de los que ha formado parte. ¿Qué funcionó bien? ¿Dónde hubo desafíos? ¿Cómo puedes aplicar las lecciones aprendidas de estas experiencias para mejorar tu colaboración y contribución al trabajo en equipo en el futuro?

El trabajo en equipo y la colaboración no sólo son fundamentales para el éxito profesional; también enriquecen nuestra experiencia laboral, haciéndola más significativa y satisfactoria. Al invertir en estas habilidades, no sólo se convierte en un activo valioso para su equipo, sino que también cultiva un ambiente de trabajo positivo y productivo.

COMUNICACIÓN EFECTIVA

A medida que avancemos, el próximo capítulo explorará la comunicación efectiva, una piedra angular tanto de la colaboración como del trabajo en equipo. Aprenderá sobre los matices de la comunicación verbal y no verbal, cómo articular sus ideas con claridad y escuchar de una manera que fortalezca las relaciones dentro de su equipo. Prepárese para descubrir secretos de comunicación que pueden transformar la forma en que interactúa en el lugar de trabajo.

COMUNICACIÓN EFECTIVA

La comunicación es el arte de transmitir información, ideas y emociones de forma clara y comprensible. En el ámbito laboral, la eficacia con la que nos comunicamos puede influir significativamente en el éxito de nuestras relaciones profesionales, la productividad de nuestros equipos y, en definitiva, los resultados de nuestros proyectos. Este capítulo está dedicado a explorar los fundamentos de una comunicación eficaz y cómo puede mejorar sus habilidades comunicativas para convertirse en un colaborador más eficaz y un líder más inspirador.

LA IMPORTANCIA DE UNA COMUNICACIÓN EFECTIVA

La comunicación eficaz es esencial para la colaboración productiva, la resolución de conflictos y la creación de un ambiente de trabajo positivo. Permite no sólo el intercambio de información, sino también la construcción de relaciones, el establecimiento de confianza y la promoción del entendimiento mutuo. Sin él, pueden surgir malentendidos y conflictos, comprometiendo la armonía del equipo y la eficiencia del trabajo.

PRINCIPIOS DE COMUNICACIÓN EFECTIVA

Para comunicarse eficazmente, es fundamental comprender y practicar los siguientes principios:

- **Claridad y concisión:** Ten claro el mensaje que quieres transmitir y evita detalles innecesarios que puedan confundir al receptor.

- **Escucha activa:** La comunicación es una vía de doble sentido. Escuche atentamente, muestre interés en lo que dice la otra persona y confirme su comprensión.

- **Empatía:** Intenta ver las cosas desde el punto de vista de la otra persona. La comunicación empática puede ayudar a crear una conexión más profunda y minimizar el conflicto.

- **Comentarios constructivos:** aprenda a dar y recibir

comentarios de una manera que promueva el crecimiento y la mejora en lugar de causar resentimiento.

- **Audience Fit:** adapte su mensaje y estilo de comunicación a su audiencia para garantizar que su mensaje se reciba según lo previsto.

DESARROLLO DE HABILIDADES DE COMUNICACIÓN EFECTIVA

Mejorar sus habilidades comunicativas requiere práctica y reflexión. A continuación se ofrecen algunos consejos para mejorar su capacidad de comunicarse de forma eficaz:

- **Practica el autoconocimiento:** sé consciente de cómo tus palabras, tono de voz y lenguaje corporal afectan a los demás.

- **Desarrolla tu capacidad de escucha:** Haz preguntas abiertas, parafrasea lo dicho para asegurar la comprensión y evita interrumpir mientras la otra persona habla.

- **Aprender a leer el lenguaje corporal:** La comunicación no verbal puede revelar mucho sobre los sentimientos y reacciones del interlocutor.

- **Entrenar la asertividad:** Aprende a expresar tus ideas y necesidades de forma clara y directa, respetando las opiniones y necesidades de los demás.

- **Obtenga comentarios:** solicite comentarios sobre sus habilidades de comunicación y utilícelos para desarrollarse.

PENSAR SOBRE

A medida que avance en este capítulo, piense en situaciones en las que la comunicación eficaz fue crucial para el éxito o en las que la falta de comunicación causó problemas. ¿Cómo puede aplicar los principios y estrategias discutidos aquí para mejorar sus interacciones futuras?

La comunicación efectiva es una herramienta poderosa que puede abrir puertas a oportunidades profesionales, mejorar las relaciones y facilitar el éxito del equipo. Al invertir en el desarrollo de sus habilidades comunicativas, se encamina hacia el logro de sus objetivos profesionales y personales.

LIDERAZGO Y GESTIÓN DE PERSONAS

A medida que avancemos, el próximo capítulo explorará el liderazgo y la gestión de personas. Descubrirá cómo utilizar sus habilidades de comunicación efectiva para inspirar, motivar y guiar a su equipo hacia el éxito. Prepárese para sumergirse en las cualidades de un líder eficaz y cómo puede cultivarlas en su trayectoria profesional.

LIDERAZGO Y GESTIÓN DE PERSONAS

El liderazgo trasciende la mera gestión de tareas; es el arte de inspirar y motivar a las personas para alcanzar objetivos comunes con entusiasmo y compromiso. Este capítulo revela los secretos de un liderazgo eficaz y cómo las habilidades de gestión de personas pueden transformar positivamente la dinámica y los resultados de un equipo. A medida que exploremos estas habilidades, descubrirá cómo convertirse en el líder que su equipo admira, respeta y está dispuesto a seguir.

ENTENDIENDO EL LIDERAZGO Y LA GESTIÓN DE PERSONAS

El liderazgo es influencia. Se trata de dar forma y compartir una visión clara, establecer metas e inspirar a otros a trabajar juntos para alcanzarlas. El liderazgo eficaz implica comprender las necesidades y motivaciones de cada miembro del equipo, promover un ambiente de trabajo positivo y fomentar el desarrollo profesional y personal.

La gestión de personas, a su vez, se refiere a las prácticas y habilidades necesarias para gestionar eficazmente el desempeño y desarrollo de un equipo. Esto incluye comunicación efectiva, delegación, retroalimentación y reconocimiento, así como resolución de conflictos y promoción del trabajo en equipo.

¿POR QUÉ SON CRUCIAL?

Los líderes eficaces son capaces de convertir la visión de una organización en realidad, creando una cultura que promueve la excelencia, la innovación y la colaboración. Son esenciales para:

- Inspirar y motivar al equipo.

- Navegar cambios y desafíos.

- Resolver conflictos y promover la armonía.

- Desarrollar las habilidades y capacidades de los miembros del equipo.

- Alcanzar los objetivos y metas organizacionales.

DESARROLLAR TUS HABILIDADES DE LIDERAZGO Y GESTIÓN

Para cultivar un liderazgo y una gestión de personas eficaces, considere las siguientes estrategias:

- **Sé un modelo a seguir:** demuestra las cualidades que quieres ver en tu equipo. La integridad, la ética de trabajo y la pasión son contagiosas.

- **Comunicarse con claridad:** utilice sus habilidades de comunicación efectiva para compartir visiones, expectativas y comentarios de una manera clara e inspiradora.

- **Construya relaciones sólidas:** tómese el tiempo para conocer a su equipo. Comprender sus aspiraciones, desafíos y motivaciones puede ayudarlo a personalizar su enfoque de liderazgo.

- **Potencia a tu equipo:** Delega responsabilidades, proporciona los recursos necesarios y confía en tu equipo para tomar decisiones. Esto aumenta la autonomía y el compromiso.

- **Promover el desarrollo profesional:** Fomentar y facilitar oportunidades de aprendizaje y crecimiento. Un líder eficaz se preocupa tanto por desarrollar su equipo como por alcanzar sus objetivos.

PENSAR SOBRE

Mientras explora este capítulo, piense en los líderes que han influido en su vida. ¿Qué cualidades poseían? ¿Cómo puedes incorporar estas cualidades a tu propio estilo de liderazgo? Reflexiona también sobre cómo puedes mejorar la gestión de tu equipo para promover un ambiente más productivo y positivo.

El liderazgo es un viaje de constante aprendizaje y adaptación. Al esforzarse por mejorar sus habilidades de liderazgo y gestión de personas, no sólo logrará sus objetivos organizacionales sino que también contribuirá significativamente al crecimiento y satisfacción de su equipo.

APRENDIZAJE CONTINUO Y DESARROLLO PERSONAL

A medida que avance, prepárese para el siguiente capítulo, que se centra en la importancia del aprendizaje continuo y el desarrollo personal. En este mundo en constante cambio, adaptarse y crecer continuamente es fundamental no sólo para el éxito profesional, sino también para la satisfacción personal. Descubra cómo cultivar una mentalidad de crecimiento que lo mantendrá a la vanguardia, sin importar los desafíos que pueda traer el futuro.

APRENDIZAJE CONTINUO Y DESARROLLO PERSONAL

En un mundo en rápida evolución, la capacidad de aprender y desarrollarse personalmente continuamente no es sólo una ventaja competitiva; es una necesidad. Este capítulo explora la importancia del aprendizaje continuo y el desarrollo personal, proporcionando ideas y estrategias para cultivar una mentalidad de crecimiento. Al emprender el viaje del aprendizaje continuo, se prepara no sólo para afrontar los desafíos del futuro, sino también para aprovechar sus oportunidades.

ENTENDIENDO EL APRENDIZAJE CONTINUO Y EL DESARROLLO PERSONAL

El aprendizaje continuo es el proceso de adquisición de nuevas habilidades y conocimientos a lo largo de la vida, tanto por motivos personales como profesionales. El desarrollo personal, estrechamente vinculado, es la mejora consciente de uno mismo, incluyendo aspectos como habilidades, talentos y potencial. Juntos, estos conceptos representan un compromiso con el crecimiento personal y profesional, adaptándose y evolucionando en respuesta a los cambios y desafíos.

¿POR QUÉ SON CRUCIAL?

El aprendizaje continuo y el desarrollo personal son fundamentales para:

- Manténgase relevante en un mercado laboral en constante cambio.

- Mejorar la empleabilidad, adaptabilidad y capacidad de innovación.

- Incrementar la autoeficacia, la confianza y la satisfacción personal.

- Estimular la creatividad y la capacidad de resolución de problemas complejos.

DESARROLLAR UNA MENTALIDAD DE CRECIMIENTO

Para adoptar el aprendizaje continuo y el desarrollo personal, es esencial una mentalidad de crecimiento. Aquí hay algunas estrategias para cultivarlo:

- **Aceptar desafíos:** ver los desafíos como oportunidades para crecer y aprender, en lugar de obstáculos insuperables.

- **Persistir ante las dificultades:** Entender que el esfuerzo y la perseverancia son partes fundamentales en el proceso de aprendizaje y crecimiento.

- **Aprenda de los comentarios:** vea los comentarios, incluso cuando sean negativos, como una valiosa oportunidad para el desarrollo personal.

- **Inspírate en los éxitos de los demás:** en lugar de sentir envidia, deja que los éxitos de los demás te inspiren a conseguir tus propios objetivos.

- **Esté abierto al cambio:** acepte el cambio como una constante y considérelo como una oportunidad para aprender cosas nuevas.

HERRAMIENTAS Y RECURSOS PARA EL APRENDIZAJE CONTINUO

Con la amplia gama de recursos disponibles hoy en día, el aprendizaje nunca ha sido más accesible. Considerar:

- Cursos online y webinars en plataformas como Coursera, Udemy o Khan Academy.

- Podcasts y vídeos educativos que cubren una amplia gama de temas.

- Libros y artículos en áreas de interés o desarrollo de habilidades.

- Networking de redes y grupos de estudio para el aprendizaje colaborativo.

PENSAR SOBRE

A medida que avance en este capítulo, reflexione sobre las áreas en las que desea crecer. ¿Qué habilidades te gustaría desarrollar o mejorar? ¿Cómo puedes integrar el aprendizaje continuo en tu rutina diaria?

Apostar por el aprendizaje continuo y el desarrollo personal es apostar por tu evolución como persona y profesional. Al emprender este viaje, no sólo alcanzará sus objetivos sino que también descubrirá nuevos horizontes para explorar.

GESTIÓN DEL TIEMPO Y PRODUCTIVIDAD

A medida que avancemos, el próximo capítulo se centrará en un componente clave para el éxito personal y profesional: la gestión del tiempo y la productividad. Aprenderás estrategias efectivas para organizar tu tiempo, priorizar tareas y maximizar tu eficiencia. Prepárate para transformar la forma en que abordas tu vida diaria, equilibrando mejor tus responsabilidades y encontrando más tiempo para lo que realmente importa.

GESTIÓN DEL TIEMPO Y PRODUCTIVIDAD

La gestión eficaz del tiempo y la productividad son esenciales para el éxito en cualquier ámbito de la vida, especialmente en un mundo donde las distracciones siempre están al alcance y la presión por lograr más en menos tiempo nunca cesa. Este capítulo ofrece estrategias prácticas para ayudarle a administrar su tiempo de manera efectiva, aumentar su productividad y lograr un equilibrio saludable entre el trabajo y la vida personal.

ENTENDIENDO LA GESTIÓN DEL TIEMPO Y LA PRODUCTIVIDAD

La gestión del tiempo es el proceso de planificar y controlar cómo emplea las horas de su día para optimizar su eficiencia y productividad. La productividad, a su vez, se refiere a la eficacia con la que se pueden completar tareas y alcanzar objetivos. Una buena gestión del tiempo le permite trabajar de forma más inteligente, no más intensa, para lograr más en menos tiempo, incluso cuando el tiempo es corto y la presión es alta.

¿POR QUÉ SON IMPORTANTES?

La gestión eficaz del tiempo y la productividad son cruciales porque:

- Maximiza tu eficiencia y eficacia, permitiéndote alcanzar tus objetivos más rápido.

- Reduzca el estrés minimizando las prisas de último momento y el incumplimiento de los plazos.

- Mejoran la calidad de tu trabajo, ya que puedes dedicar el tiempo adecuado a cada tarea.

- Ayudarlo a lograr un equilibrio entre el trabajo y la vida personal, asegurándose de que tenga tiempo para las cosas que más valora.

ESTRATEGIAS PARA MEJORAR LA GESTIÓN DEL TIEMPO Y LA PRODUCTIVIDAD

- **Establece prioridades claras:** identifica tus tareas más importantes y urgentes y abordalas primero. Utilice el principio de Eisenhower para clasificar las tareas en urgentes/importantes, importantes/no urgentes, urgentes/no importantes y no urgentes/no importantes.

- **Crea un plan o cronograma:** Al inicio de cada día o semana, haz un plan de qué tareas deben completarse y asigna un tiempo específico para cada una de ellas.

- **Evita la procrastinación:** utiliza técnicas como la Técnica Pomodoro para mantenerte concentrado en las tareas durante períodos definidos, seguidos de breves descansos.

- **Delegar tareas:** Reconocer cuando otras personas pueden hacer mejor o más rápido una tarea y delegar siempre que sea posible.

- **Di no:** aprende a rechazar tareas o compromisos que no se alinean con tus prioridades u objetivos principales.

- **Utilice herramientas de gestión del tiempo:** las aplicaciones y herramientas digitales pueden ayudarle a realizar un seguimiento de su tiempo, establecer recordatorios y organizar sus tareas de manera eficiente.

PENSAR SOBRE

Mientras explora este capítulo, reflexione sobre sus propias prácticas de productividad y gestión del tiempo. ¿Cuáles son los mayores desafíos que enfrenta? ¿Qué estrategias puedes empezar a implementar para superar estos desafíos?

La gestión eficaz del tiempo y el aumento de la productividad no consisten sólo en hacer más en menos tiempo, sino en hacer lo que importa de forma más eficiente, permitiéndole vivir una vida más plena y equilibrada.

ÉTICA PROFESIONAL Y RESPONSABILIDAD SOCIAL

A medida que avancemos, el siguiente capítulo abordará la ética profesional y la responsabilidad social, dos pilares fundamentales para construir una carrera sólida y contribuir positivamente a la sociedad. Descubrirás la importancia de adoptar prácticas éticas en el trabajo y cómo la responsabilidad social puede enriquecer tu vida profesional y personal. Prepárese para explorar cómo integrar estos valores fundamentales en su viaje de crecimiento y desarrollo.

ÉTICA PROFESIONAL Y RESPONSABILIDAD SOCIAL

En un mundo cada vez más conectado y consciente, la ética profesional y la responsabilidad social emergen como elementos fundamentales para cualquier carrera exitosa. Este capítulo aborda la importancia de actuar con integridad en el lugar de trabajo y contribuir positivamente a la sociedad. Exploremos cómo puede incorporar estos principios esenciales en su trayectoria profesional, generando un impacto duradero tanto en su esfera personal como colectiva.

ENTENDIENDO LA ÉTICA PROFESIONAL Y LA RESPONSABILIDAD SOCIAL

La ética profesional se refiere a los principios y valores que guían el comportamiento de las personas en un entorno laboral. Esto incluye honestidad, integridad, transparencia y equidad. La responsabilidad social se refiere al compromiso de individuos y empresas de contribuir a una sociedad más justa y sostenible, reconociendo el impacto de sus acciones en el bienestar común.

¿POR QUÉ SON IMPORTANTES?

Adoptar una postura ética y socialmente responsable es crucial porque:

- Genera confianza y credibilidad con colegas, clientes y la comunidad.

- Promueve un ambiente de trabajo positivo y una cultura de respeto mutuo.

- Contribuye al desarrollo sostenible y al bienestar de la sociedad.

- Diferencia a individuos y organizaciones en un mercado cada vez más consciente.

INTEGRANDO LA ÉTICA Y LA RESPONSABILIDAD SOCIAL EN SU CARRERA

- **Ser ejemplo:** Demostrar una conducta ética en todas sus acciones y decisiones. Ser un modelo de integridad inspira a otros a seguir el mismo camino.

- **Promocionar prácticas justas:** ya sea al contratar, tratar a colegas o realizar negocios, asegúrese de que sus acciones sean siempre justas y transparentes.

- **Contribuir a la comunidad:** participar en actividades o iniciativas de voluntariado que beneficien a la comunidad local o causas mayores. Incluso las pequeñas acciones pueden tener un gran impacto.

- **Defiende lo que es correcto:** cuando te encuentres con prácticas poco éticas o dañinas, habla. La valentía de defender los principios éticos es fundamental para promover el cambio.

- **Edúquese a sí mismo y a los demás:** manténgase informado sobre cuestiones éticas y sociales relevantes para su profesión y comparta este conocimiento con sus colegas.

PENSAR SOBRE

A medida que avance en este capítulo, piense en cómo se aplican la ética profesional y la responsabilidad social en su campo de trabajo. ¿Existen áreas en las que se puede hacer más para promover una conducta ética o contribuir al bienestar de la sociedad?

Incorporar la ética profesional y la responsabilidad social a tu carrera no sólo enriquece tu vida profesional, sino que también contribuye a una sociedad más justa y sostenible. Al adoptar estos principios, no sólo logrará el éxito personal, sino que también se convertirá en parte de un movimiento más amplio que tiene como objetivo crear un futuro mejor para todos.

CAPACIDAD DE NEGOCIACIÓN

A medida que avancemos, el próximo capítulo explorará las habilidades de negociación, una habilidad esencial en cualquier contexto profesional. Aprender a negociar de forma eficaz no sólo puede ayudarle a lograr mejores resultados en acuerdos y proyectos, sino que también le ayudará a resolver conflictos de forma constructiva. Prepárese para descubrir técnicas de negociación que le permitirán crear soluciones beneficiosas para todos y fortalecer sus relaciones profesionales.

CAPACIDAD DE NEGOCIACIÓN

El comercio es un arte y una ciencia. Es el proceso de discutir y llegar a un acuerdo mutuo, donde todas las partes involucradas encuentran puntos en común. Este capítulo está dedicado a mejorar sus habilidades de negociación, una habilidad esencial que puede definir el éxito de sus interacciones y proyectos profesionales. La capacidad de negociar eficazmente puede ayudar a resolver conflictos, establecer asociaciones productivas y garantizar los mejores resultados posibles para todas las partes involucradas.

ENTENDIENDO LA CAPACIDAD DE NEGOCIACIÓN

La negociación implica comunicación, intercambio de información y uso de estrategias para llegar a un acuerdo satisfactorio. La eficiencia en la negociación requiere comprender las necesidades y objetivos propios, así como los de la otra parte, creando soluciones que beneficien a todos los involucrados.

¿PORQUE ES IMPORTANTE?

La capacidad de negociar es crucial porque:

- Facilita acuerdos beneficiosos, evitando conflictos y malentendidos.

- Mejora las relaciones profesionales a través del respeto y la comprensión mutuos.

- Contribuye al éxito de proyectos y objetivos comunes.

- Eleva su reputación como colaborador valioso y socio confiable.

DESARROLLAR TUS HABILIDADES DE NEGOCIACIÓN

Para convertirse en un negociador eficaz, considere estas estrategias:

- **Prepararse adecuadamente:** Antes de iniciar una negociación, recopile la mayor cantidad de información posible sobre la otra parte y el contexto. Conozca sus metas, límites y alternativas.

- **Escuchar activamente:** La capacidad de escuchar atentamente y comprender el punto de vista de la otra parte es crucial. Esto puede revelar intereses subyacentes y allanar el camino para soluciones creativas.

- **Comunicarse con claridad:** Sea claro y conciso en su comunicación. Evite malentendidos expresando directamente sus necesidades y objetivos.

- **Enfatizar el beneficio mutuo:** buscar soluciones que beneficien a todas las partes. Las negociaciones exitosas son aquellas en las que todos están satisfechos.

- **Saber cuándo dar marcha atrás:** Reconocer que no todas las negociaciones resultarán en un acuerdo es importante. Saber cuándo alejarse puede ahorrar recursos valiosos y preservar las relaciones.

PENSAR SOBRE

Mientras explora este capítulo, reflexione sobre sus experiencias comerciales pasadas. ¿Qué estrategias funcionaron? ¿Dónde puedes mejorar? Piense en cómo puede aplicar estas lecciones aprendidas en negociaciones futuras para lograr resultados aún mejores.

La negociación es una habilidad vital que trasciende el entorno profesional, beneficiando también las interacciones personales. Dominar el arte de la negociación le permite no sólo alcanzar objetivos de manera efectiva, sino también construir y mantener relaciones sólidas y productivas.

EMPATÍA Y RELACIONES INTERPERSONALES

El próximo capítulo profundizará en la importancia de la empatía y el desarrollo de sólidas habilidades interpersonales. Estas son claves para construir relaciones de confianza y colaboración en cualquier entorno laboral. Prepárese para aprender cómo la empatía puede mejorar significativamente su comunicación y la efectividad de sus interacciones profesionales.

EMPATÍA Y RELACIONES INTERPERSONALES

La empatía, la capacidad de comprender y compartir los sentimientos de otra persona, es un pilar fundamental para desarrollar relaciones interpersonales sólidas y significativas en el lugar de trabajo. Este capítulo está dedicado a explorar la empatía y la importancia de las relaciones interpersonales, destacando cómo estas habilidades pueden mejorar su comunicación, colaboración y contribuir a un ambiente de trabajo más cohesivo y productivo.

ENTENDIENDO LA EMPATÍA Y LAS RELACIONES INTERPERSONALES

La empatía va más allá de la simple simpatía; Es la capacidad de ponerse en el lugar de otra persona, entendiendo sus perspectivas y emociones de una manera profunda y genuina. Las relaciones interpersonales se refieren a las conexiones e interacciones que mantenemos con los demás, que son fundamentales para crear un ambiente de trabajo colaborativo y de apoyo.

¿POR QUÉ SON IMPORTANTES?

La empatía y fuertes habilidades interpersonales son cruciales porque:

- Facilitan la comunicación efectiva, permitiendo una mejor comprensión de las necesidades y expectativas de los demás.

- Promover un ambiente de trabajo positivo, reduciendo conflictos y malentendidos.

- Incrementar la colaboración y el espíritu de equipo, ya que los miembros se sienten valorados y comprendidos.

- Contribuir a un liderazgo eficaz, permitiendo a los líderes inspirar y motivar a sus equipos de forma más eficaz.

DESARROLLAR LA EMPATÍA Y LAS HABILIDADES INTERPERSONALES

Para fortalecer su empatía y sus habilidades interpersonales, considere las siguientes estrategias:

- **Practica la escucha activa:** céntrate completamente en lo que dice la otra persona, reconociendo sus sentimientos y perspectivas sin juzgar.

- **Mostrar interés genuino:** mostrar curiosidad e interés por las experiencias y emociones de los demás haciendo preguntas abiertas que fomenten la expresión.

- **Comunicarse con sensibilidad:** Adaptar su comunicación a las necesidades emocionales de los demás, teniendo cuidado con el lenguaje y el tono utilizado.

- **Desarrollar la autoconciencia:** reflexiona sobre tus propias emociones y reacciones para comprender mejor cómo pueden afectar tus interacciones con los demás.

- **Sea solidario:** ofrezca apoyo y comprensión cuando otros enfrenten desafíos, demostrando que valora su bienestar.

PENSAR SOBRE

A medida que avance en este capítulo, piense en momentos en los que la empatía o la falta de ella influyó en sus relaciones laborales. ¿Cómo podrías haber mejorado estas interacciones? Identifica oportunidades para practicar la empatía y fortalecer tus relaciones interpersonales en el futuro.

La empatía y las habilidades interpersonales no sólo son esenciales para un ambiente de trabajo armonioso; son vitales para el éxito en todos los ámbitos de la vida. Al desarrollar estas habilidades, no sólo te convertirás en un profesional más eficaz, sino también en una persona más comprensiva y conectada.

CONCIENCIA CULTURAL Y DIVERSIDAD

El próximo capítulo cubrirá la conciencia cultural y la importancia de la diversidad en el lugar de trabajo. La capacidad de comprender, respetar y valorar las diferencias culturales puede enriquecer enormemente el lugar de trabajo, promoviendo la innovación, la creatividad y el espíritu de inclusión. Prepárese para explorar cómo puede contribuir a un lugar de trabajo más diverso e inclusivo .

CONCIENCIA CULTURAL Y DIVERSIDAD

La conciencia cultural y la diversidad son fundamentales en el mundo globalizado y multifacético de hoy. Este capítulo se centra en la importancia de comprender, respetar y valorar las diferencias culturales, así como promover la inclusión en el lugar de trabajo. Exploraremos cómo la conciencia cultural puede enriquecer la colaboración, impulsar la innovación y contribuir a un espacio de trabajo donde todos se sientan valorados e incluidos.

ENTENDIENDO LA CONCIENCIA CULTURAL Y LA DIVERSIDAD

La conciencia cultural se refiere a la capacidad de reconocer y comprender las creencias culturales propias y de los demás, dándose cuenta de cómo estas influencias moldean las percepciones, los comportamientos y las interacciones. La diversidad, a su vez, abarca una amplia gama de diferencias, que incluyen, entre otras, raza, etnia, género, edad, orientación sexual, capacidad y religión.

¿POR QUÉ SON IMPORTANTES?

Promover la conciencia cultural y la diversidad es crucial porque:

- Enriquece el ambiente de trabajo con variedad de perspectivas e ideas, fomentando la creatividad y la innovación.

- Mejora la toma de decisiones y la resolución de problemas incorporando una gama más amplia de puntos de vista y experiencias.

- Construye relaciones más sólidas y comprensivas entre colegas, aumentando la colaboración y la eficiencia.

- Refleja positivamente la imagen y los valores de la organización, atrayendo talento y clientes de diversos orígenes.

DESARROLLAR LA CONCIENCIA CULTURAL Y PROMOVER LA DIVERSIDAD

Para cultivar un ambiente de trabajo inclusivo y diverso, considere las siguientes estrategias:

- **Edúquese:** busque activamente aprender sobre diferentes culturas, historias y experiencias. Esto puede incluir leer, asistir a talleres o interacciones directas con personas de diferentes orígenes.

- **Escuchar y aprender:** estar abierto a escuchar las experiencias de los demás sin juzgar, mostrando respeto y empatía por sus perspectivas.

- **Fomentar un entorno inclusivo:** Implementar políticas y prácticas que promuevan la igualdad y la inclusión, como capacitación en diversidad e inclusión, tutoría y apoyo a las redes de empleados.

- **Celebrar la diversidad:** Reconocer y celebrar las diferencias culturales a través de eventos, festividades y reconocimientos, valorando la riqueza que cada individuo aporta al entorno laboral.

- **Abogar por la inclusión:** ser un aliado activo de los colegas que enfrentan discriminación o exclusión, abogando por el cambio y apoyando la igualdad de oportunidades para todos.

PENSAR SOBRE

Reflexione sobre cómo la conciencia cultural y la diversidad se manifiestan en su entorno laboral actual. ¿Hay áreas donde se puede mejorar la inclusión? ¿Cómo puedes contribuir a un espacio de trabajo más diverso y acogedor?

Aceptar la diversidad y cultivar la conciencia cultural no sólo enriquece el lugar de trabajo, sino que también prepara a las organizaciones para operar con éxito en un escenario global. Al promover la inclusión, contribuyes a un mundo donde se celebra y valora la riqueza de las diferencias humanas.

MINDFULNESS Y BIENESTAR

A medida que avancemos, el próximo capítulo explorará la importancia de la atención plena y el bienestar en el lugar de trabajo. Practicar mindfulness puede mejorar significativamente tu salud física y mental, tu capacidad de concentración y tu eficacia en el trabajo. Prepárate para descubrir cómo integrar prácticas de mindfulness en tu rutina diaria para promover un bienestar holístico y una mayor calidad de vida.

MINDFULNESS Y BIENESTAR

En la era actual, marcada por cambios rápidos y demandas constantes, la práctica del mindfulness y la promoción del bienestar nunca han sido más importantes. Este capítulo está dedicado a explorar cómo incorporar la atención plena a su rutina diaria puede mejorar su salud física y mental, su concentración y, en última instancia, su eficacia en el trabajo y su satisfacción en la vida.

ENTENDIENDO LA MENTALIDAD Y EL BIENESTAR

La atención plena es la práctica de estar plenamente presente y comprometido en el momento actual, consciente de nuestros pensamientos, emociones, sensaciones corporales y entorno, sin juzgar. Bienestar se refiere a un estado de salud, felicidad y prosperidad en el que un individuo es capaz de alcanzar su potencial, hacer frente al estrés normal de la vida, trabajar productivamente y contribuir a su comunidad.

¿POR QUÉ SON IMPORTANTES?

Practicar la atención plena y promover el bienestar es crucial porque:

- Reducir el estrés y la ansiedad, mejorando la salud mental.

- Aumenta la capacidad de concentración y la claridad mental, lo que conduce a una mayor productividad.

- Mejorar la calidad del sueño y la salud física.

- Enriquecen la calidad de las relaciones interpersonales a través de una mayor empatía y paciencia.

- Fomentan una mayor resiliencia emocional, permitiendo a las personas afrontar mejor los desafíos y cambios.

INTEGRANDO MINDFULNESS Y BIENESTAR EN TU RUTINA

Para cultivar la atención plena y promover su bienestar, intente integrar las siguientes prácticas en su vida diaria:

- **Meditación diaria:** Dedica tiempo cada día a practicar la meditación, centrándote en tu respiración o sensaciones corporales para llevar tu atención al presente.

- **Ejercicios de respiración:** Utiliza técnicas de respiración consciente para centrar tu mente y calmar tu cuerpo en momentos de estrés.

- **Mindfulness en las actividades diarias:** Practicar estar plenamente presente en las actividades rutinarias, como comer, caminar o bañarse, observando todas las sensaciones involucradas.

- **Desconexión digital:** Establecer periodos del día para desconectar de dispositivos electrónicos y redes sociales, reduciendo el exceso de estímulos.

- **Cultivar la gratitud:** Lleve un diario de gratitud, anotando las cosas por las que está agradecido todos los días, promoviendo una perspectiva positiva de la vida.

PENSAR SOBRE

A medida que avance en este capítulo, considere cómo la práctica de la atención plena podría afectar su vida profesional y personal. ¿Hay áreas de tu vida en las que podrías beneficiarte de una mayor atención plena y bienestar?

Incorporar mindfulness y promover el bienestar no sólo enriquece tu experiencia de vida, sino que también mejora tu desempeño y satisfacción en el ámbito laboral. Al adoptar estas prácticas, te abres a una vida de mayor claridad, equilibrio y felicidad.

TOMA DE DECISIONES BASADA EN DATOS

Prepárese para explorar la toma de decisiones basada en datos en el próximo capítulo. En este mundo impulsado por la información, aprender a interpretar y utilizar datos de manera efectiva puede transformar su capacidad para tomar decisiones informadas, minimizar riesgos y maximizar resultados. Descubra cómo mejorar sus habilidades analíticas y convertirse en un tomador de decisiones más eficiente y estratégico.

TOMA DE DECISIONES BASADA EN DATOS

En un entorno cada vez más dominado por grandes cantidades de información, la capacidad de tomar decisiones informadas y basadas en datos es más crucial que nunca. Este capítulo se centra en la importancia del análisis de datos en el proceso de toma de decisiones y ofrece información sobre cómo puede mejorar sus habilidades analíticas para tomar decisiones más efectivas, reducir el riesgo e impulsar el éxito de sus iniciativas.

ENTENDIENDO LA TOMA DE DECISIONES BASADA EN DATOS

La toma de decisiones basada en datos implica el uso de información y análisis cuantificables para guiar las elecciones y acciones. Este proceso requiere la recopilación, análisis e interpretación de datos relevantes para evaluar opciones, predecir resultados y determinar el mejor curso de acción.

¿PORQUE ES IMPORTANTE?

Adoptar un enfoque basado en datos para la toma de decisiones es esencial porque:

- Mejora la precisión de las decisiones al reducir la incertidumbre y los sesgos personales.

- Facilita la previsión de tendencias y el reconocimiento de patrones, permitiendo respuestas proactivas a los cambios.

- Aumenta la eficiencia y eficacia de las operaciones centrándose en estrategias y acciones informadas.

- Fortalece la confianza en las decisiones tomadas, tanto individualmente como en equipo.

DESARROLLO DE HABILIDADES PARA LA TOMA DE DECISIONES BASADA EN DATOS

Para dominar la toma de decisiones basada en datos, considere adoptar las siguientes prácticas:

- **Mejore sus habilidades analíticas:** invierta en capacitación o cursos que le enseñen cómo recopilar, analizar e interpretar datos de manera efectiva.

- **Utilice herramientas de análisis de datos:** familiarícese con software y herramientas analíticas que pueden ayudar a organizar, visualizar y analizar datos.

- **Cultive la curiosidad por los datos:** desarrolle una mentalidad inquisitiva, buscando siempre datos que puedan respaldar o desafiar sus suposiciones.

- **Aprender de los datos:** utilizar datos históricos para comprender tendencias, errores y éxitos pasados, aplicando estos aprendizajes a decisiones futuras.

- **Fomentar la cultura del dato:** Fomenta el uso y valoración de los datos como base para las decisiones en tu equipo u organización.

PENSAR SOBRE

Mientras explora este capítulo, piense en situaciones en las que la toma de decisiones basada en datos podría haber impactado significativamente los resultados. ¿Cómo puede empezar a integrar más datos en sus decisiones diarias?

La toma de decisiones basada en datos es una habilidad poderosa que puede transformar la forma en que aborda los problemas y las oportunidades. Al utilizar los datos para iluminar el camino, podrá tomar decisiones más seguras y estratégicas que impulsarán el éxito en cualquier esfuerzo.

HABILIDADES DIGITALES

El próximo capítulo abordará las habilidades digitales, esenciales en la era de la información en la que vivimos. Dado que la tecnología avanza continuamente, es imperativo mantenerse actualizado con las habilidades digitales necesarias para navegar de manera efectiva en el mundo profesional y personal. Prepárese para explorar cómo puede desarrollar y mejorar sus habilidades digitales para seguir siendo relevante y competitivo en el mercado laboral actual.

HABILIDADES DIGITALES

Navegar de manera competente en la era digital es una necesidad innegable en el mundo contemporáneo, tanto para el desarrollo profesional como personal. Este capítulo se centra en las habilidades digitales esenciales que necesita para seguir siendo relevante y eficaz en el lugar de trabajo actual, que evoluciona constantemente debido a los avances tecnológicos.

ENTENDIENDO LAS HABILIDADES DIGITALES

Las habilidades digitales cubren una amplia gama de competencias, desde la capacidad de utilizar eficazmente herramientas y plataformas digitales hasta la comprensión de conceptos más complejos como el análisis de datos y el desarrollo de software. Permiten a las personas comunicarse, crear, colaborar y resolver problemas en entornos digitales, fundamentales para prácticamente todas las áreas del trabajo actual.

¿POR QUÉ SON IMPORTANTES?

Las habilidades digitales son cruciales porque:

- Facilitan la adaptación a nuevas herramientas y tecnologías que están remodelando el entorno laboral.

- Aumentar la empleabilidad, ya que la mayoría de los empleos ahora requieren cierto nivel de competencia digital.

- Mejorar la eficiencia y la productividad a través de la automatización de tareas y la optimización de procesos.

- Apoyar la innovación y la creatividad, ofreciendo nuevas formas de abordar los problemas y crear soluciones.

DESARROLLANDO TUS HABILIDADES DIGITALES

Para mejorar sus habilidades digitales, considere adoptar las siguientes estrategias:

- **Únase a cursos en línea:** aproveche la amplia gama de cursos disponibles en línea para aprender nuevas habilidades digitales, desde programación hasta diseño gráfico y marketing digital.

- **Practica regularmente:** la familiaridad con las herramientas y plataformas digitales viene con la práctica. Tómese el tiempo para explorar y utilizar diferentes tipos de software.

- **Manténgase actualizado:** el campo de la tecnología siempre está evolucionando. Manténgase informado sobre las últimas tendencias y herramientas digitales leyendo publicaciones especializadas y asistiendo a seminarios web y talleres.

- **Explora la resolución de problemas digitales:** desarrolla tus propios proyectos o participa en hackathons y otros eventos que desafíen tus habilidades digitales y creativas.

- **Construir una red tecnológica:** conectarse con profesionales de la tecnología puede proporcionar información valiosa y oportunidades de aprendizaje colaborativo.

PENSAR SOBRE

Mientras explora este capítulo, considere qué habilidades digitales son más relevantes para su carrera o sus objetivos personales. ¿Cómo puedes empezar a integrar el desarrollo de estas habilidades en tu rutina diaria?

Dominar las habilidades digitales es fundamental para navegar con éxito en el mundo actual. Al invertir en el desarrollo continuo de estas habilidades, no sólo garantiza su relevancia en el mercado laboral, sino que también abre puertas a infinitas oportunidades de crecimiento e innovación.

SOSTENIBILIDAD Y CONCIENCIA ECOLÓGICA

El próximo capítulo abordará la importancia de la sostenibilidad y la conciencia ecológica, destacando cómo se pueden integrar las prácticas sostenibles en el lugar de trabajo y más allá. Mientras el mundo enfrenta desafíos ambientales sin precedentes, es esencial que los profesionales de todos los campos adopten una postura más ecológica. Prepárate para explorar estrategias que no sólo beneficien al planeta, sino que también puedan conducir a una mayor eficiencia e innovación en tus actividades profesionales.

SOSTENIBILIDAD Y CONCIENCIA ECOLÓGICA

En un mundo que enfrenta desafíos ambientales sin precedentes, la sostenibilidad y la conciencia ecológica emergen como imperativos no sólo para la supervivencia del planeta, sino también para el futuro del trabajo. Este capítulo destaca la importancia de integrar prácticas sostenibles en el lugar de trabajo y más allá, fomentando la reflexión sobre cómo las acciones individuales y colectivas pueden tener un impacto positivo duradero en el medio ambiente.

ENTENDIENDO LA SOSTENIBILIDAD Y LA CONCIENCIA ECOLÓGICA

La sostenibilidad se refiere a la capacidad de satisfacer las necesidades del presente sin comprometer la capacidad de las generaciones futuras de satisfacer sus propias necesidades. La conciencia ecológica, por otro lado, se refiere a comprender el impacto de nuestras acciones en el mundo natural y adoptar una forma de vida que minimice este impacto.

¿POR QUÉ SON IMPORTANTES?

Adoptar un enfoque sostenible y una conciencia ecológica es crucial porque:

- Ayuda a preservar los recursos naturales vitales y la biodiversidad.

- Contribuye a reducir la contaminación y las emisiones de gases de efecto invernadero.

- Apoya la equidad social y económica mediante la promoción de prácticas justas y sostenibles.

- Puede mejorar la eficiencia operativa y reducir costos a largo plazo.

- Fortalece la imagen y marca de empresas consideradas responsables y concienciadas con el medio ambiente.

INTEGRANDO LA SOSTENIBILIDAD EN EL ENTORNO LABORAL

Para promover la sostenibilidad y la conciencia ecológica en sus actividades profesionales, considere las siguientes estrategias:

- **Adoptar prácticas de oficina verdes:** Minimizar el uso de papel, reciclar, utilizar la energía de forma eficiente y elegir proveedores que también prioricen la sostenibilidad.

- **Fomentar la movilidad sostenible:** Fomentar el uso del transporte público, la bicicleta o el coche compartido para ir al trabajo.

- **Promover la conciencia ambiental:** infórmese a usted mismo y a sus colegas sobre cuestiones ambientales y cómo las acciones cotidianas pueden contribuir a la sostenibilidad.

- **Incorporar la sostenibilidad en las operaciones comerciales:** evaluar la cadena de suministro, los procesos de producción y las prácticas de consumo para identificar e implementar enfoques más sostenibles.

- **Apoyar iniciativas verdes:** Participar u organizar campañas de reforestación, limpieza de espacios públicos y otras actividades que promuevan el bienestar del medio ambiente.

PENSAR SOBRE

Al reflexionar sobre este capítulo, piense en cómo usted y su organización impactan actualmente el medio ambiente. ¿Qué cambios puedes hacer para adoptar un estilo de vida y prácticas laborales más sostenibles?

Adoptar prácticas sostenibles no es sólo una responsabilidad ética; Es una oportunidad para predicar con el ejemplo, inspirando a otros a actuar por el bien común. Incorporando la sostenibilidad y la conciencia ecológica a tus prácticas profesionales contribuyes a un futuro más verde y justo para todos.

GESTIÓN DEL CAMBIO

Prepárese para explorar la gestión del cambio en el lugar de trabajo en el siguiente capítulo. En un mundo en constante cambio, la capacidad de adaptarse y liderar el cambio es más valiosa que nunca. Descubra estrategias para afrontar el cambio con éxito, minimizando el estrés y maximizando la resiliencia personal y organizacional.

GESTIÓN DEL CAMBIO

En un mundo caracterizado por la innovación constante y el cambio rápido, la capacidad de gestionar y liderar el cambio se vuelve indispensable para los profesionales de todos los niveles. Este capítulo cubre la gestión del cambio, enfatizando técnicas y estrategias para ayudarlo a adaptarse, superar la resistencia y capitalizar las oportunidades que trae el cambio.

ENTENDIENDO LA GESTIÓN DEL CAMBIO

La gestión del cambio es el proceso sistemático de transición de individuos, equipos y organizaciones de un estado actual a un estado futuro deseado. Implica utilizar enfoques y técnicas para ayudar a las personas a comprender, aceptar y adoptar cambios en el lugar de trabajo.

¿PORQUE ES IMPORTANTE?

La gestión eficaz del cambio es crucial porque:

- Facilita la adaptación a nuevas políticas, procesos, tecnologías e ideas.

- Minimiza la resistencia al cambio, reduciendo el estrés y la ansiedad de los empleados.

- Mejora la comunicación y el compromiso, asegurando que todos estén alineados con la dirección futura.

- Aumenta la probabilidad de éxito de las iniciativas de cambio, maximizando el retorno de la inversión.

ESTRATEGIAS PARA UNA GESTIÓN EFICAZ DEL CAMBIO

Para navegar con éxito a través del cambio, considere implementar las siguientes estrategias:

- **Comunicar de forma clara y transparente:** Proporcionar información clara sobre qué está cambiando, por qué está cambiando y cómo afectará el cambio a cada persona.

- **Involucrar y apoyar a las partes interesadas:** incluir a los miembros del equipo en el proceso de planificación e implementación del cambio. Ofrezca apoyo, como capacitación y recursos, para ayudarlos a adaptarse.

- **Crear una visión compartida:** Desarrollar y comunicar una visión clara del estado deseado después del cambio, destacando los beneficios para todos los involucrados.

- **Promover el liderazgo con el ejemplo:** los líderes y gerentes deben aceptar y modelar los cambios que esperan ver en sus equipos.

- **Monitorear y ajustar:** realice un seguimiento del progreso del cambio y esté abierto a realizar ajustes en función de la retroalimentación y los resultados obtenidos.

PENSAR SOBRE

A medida que avance en este capítulo, reflexione sobre los cambios que ha experimentado en su vida profesional. ¿Qué estrategias han sido eficaces para ayudarle a adaptarse? ¿Cómo se pueden aplicar estos aprendizajes a transiciones futuras?

La gestión del cambio es un componente vital para el éxito en un lugar de trabajo en constante evolución. Dominar las habilidades necesarias para liderar y gestionar el cambio no solo lo prepara a usted y a su equipo para el futuro, sino que también abre puertas a nuevas oportunidades y crecimiento.

REDES ESTRATÉGICAS

En el próximo capítulo, exploraremos el poder de las redes estratégicas. Construir y mantener una red profesional valiosa no se trata sólo de conocer más personas; se trata de construir relaciones significativas que puedan respaldar sus objetivos profesionales y su desarrollo personal. Prepárese para descubrir cómo cultivar una red de networking eficaz y estratégica que pueda ser una fuente de oportunidades, conocimiento y apoyo.

REDES ESTRATÉGICAS

La creación de redes estratégicas es una habilidad esencial para construir una carrera y un desarrollo personal exitosos. No se trata sólo de aumentar el número de contactos, sino de establecer y fomentar relaciones significativas que sean mutuamente beneficiosas. Este capítulo está dedicado a explorar cómo puede construir y mantener eficazmente una valiosa red profesional, destacando estrategias para crear conexiones que respalden sus objetivos y crecimiento profesional.

ENTENDIENDO LAS REDES ESTRATÉGICAS

La creación de redes estratégicas implica identificar y desarrollar relaciones con personas dentro y fuera de su industria que puedan brindar información, apoyo, oportunidades y recursos valiosos. Es un proceso intencional y específico que requiere algo más que intercambiar tarjetas de presentación; requiere autenticidad, reciprocidad y compromiso a largo plazo.

¿PORQUE ES IMPORTANTE?

La creación de redes estratégicas efectivas es crucial porque:

- Abre puertas a nuevas oportunidades profesionales, asociaciones y colaboraciones.

- Proporciona acceso a nuevos conocimientos, habilidades y conocimientos de la industria.

- Amplía tu influencia y visibilidad en el sector.

- Proporciona apoyo a través de tutoría, asesoramiento y retroalimentación.

- Contribuye al crecimiento personal a través de la exposición a diferentes perspectivas y experiencias.

ESTRATEGIAS PARA UNA RED ESTRATÉGICA EFECTIVA

Para desarrollar una red profesional estratégica, considere implementar las siguientes estrategias:

- **Defina sus objetivos de networking:** tenga claro lo que espera lograr a través de su networking. Esto ayudará a identificar las personas y grupos más relevantes con los que conectarse.

- **Ser auténtico:** Construir relaciones basadas en la sinceridad y el interés genuino. Las conexiones más fuertes se forman cuando existe un intercambio real de valor e interés mutuo.

- **Ofrecer valor:** Antes de pedir ayuda o consejo, piensa en cómo puedes ofrecer valor a los demás. Esto podría incluir compartir conocimientos, ofrecer apoyo o conectar a personas con intereses similares.

- **Utilizar redes sociales y plataformas profesionales:** Herramientas como LinkedIn, Twitter y eventos virtuales pueden ser excelentes formas de conectar con profesionales de diferentes áreas.

- **Manténgase en contacto:** la creación de redes eficaces requiere mantenimiento. Realice controles periódicos con su red, comparta actualizaciones relevantes y celebre los éxitos de los demás.

PENSAR SOBRE

A medida que avance en este capítulo, piense en las relaciones profesionales que ya tiene. ¿Cómo puedes profundizar estas conexiones? ¿Qué acciones específicas puede tomar para expandir estratégica e intencionalmente su red?

El networking estratégico es un arte que, cuando se practica de forma eficaz, puede aportar beneficios inconmensurables a tu carrera y desarrollo personal. Al invertir tiempo y energía en construir una red significativa, usted sienta una base sólida para el éxito futuro.

RESILIENCIA

El próximo capítulo se centrará en la resiliencia, la capacidad de recuperarse rápidamente de las dificultades y la adversidad. En un mundo profesional lleno de desafíos e incertidumbres, la resiliencia no sólo es deseable, sino esencial. Prepárate para explorar cómo fortalecer tu resiliencia, permitiéndote enfrentar los obstáculos con determinación y flexibilidad, transformando los desafíos en oportunidades de crecimiento.

RESILIENCIA

La resiliencia es una cualidad esencial en un entorno profesional caracterizado por constantes desafíos, cambios e incertidumbres. Este capítulo explora el concepto de resiliencia, destacando su importancia y ofreciendo estrategias para desarrollar y fortalecer esta capacidad esencial, permitiéndole enfrentar la adversidad con determinación, adaptabilidad y una perspectiva positiva.

ENTENDIENDO LA RESILIENCIA

La resiliencia es la capacidad de recuperarse rápidamente de las dificultades, adaptarse a los cambios, superar obstáculos y resistir la presión en situaciones adversas. Es una combinación de habilidades emocionales, mentales y físicas que permite a una persona afrontar los desafíos de frente y salir de ellos más fuerte y más preparada.

¿PORQUE ES IMPORTANTE?

Ser resiliente es crucial porque:

- Facilita la gestión del estrés y la superación de contratiempos.

- Contribuye al crecimiento personal transformando los desafíos en oportunidades de aprendizaje.

- Mejora la capacidad para afrontar la incertidumbre y el cambio.

- Promueve una actitud positiva ante las dificultades.

- Fortalece la persistencia y determinación para alcanzar objetivos a largo plazo.

ESTRATEGIAS PARA EL DESARROLLO DE LA RESILIENCIA

Para cultivar y fortalecer su resiliencia, considere las siguientes prácticas:

- **Cultivar una mentalidad de crecimiento:** vea los desafíos como oportunidades para aprender y crecer, en lugar de amenazas insuperables.

- **Desarrollar redes de apoyo:** construir y mantener relaciones sólidas con colegas, amigos y familiares que puedan ofrecer apoyo emocional y práctico.

- **Gestiona tus emociones:** Aprende técnicas para comprender y controlar tus emociones, permitiéndote afrontar las situaciones con mayor claridad y calma.

- **Practica el autocuidado:** Cuida tu salud física y mental, incluyendo ejercicio regular, alimentación saludable, sueño adecuado y prácticas de mindfulness.

- **Establezca objetivos realistas:** establezca objetivos claros y alcanzables y celebre los pequeños éxitos en el camino hacia objetivos más grandes.

- **Adopta una actitud positiva:** Intenta mantener una actitud optimista, centrándote en lo que puedes controlar y buscando encontrar el lado positivo de las situaciones.

PENSAR SOBRE

Mientras lee este capítulo, piense en situaciones en las que su resiliencia se puso a prueba. ¿Cómo reaccionaste? ¿Qué estrategias fueron efectivas y cuáles podrían mejorarse?

Desarrollar la resiliencia es un proceso continuo que requiere conciencia, práctica y compromiso. Al fortalecer su resiliencia, no solo se prepara para enfrentar los desafíos de manera más efectiva, sino que también allana el camino para un crecimiento y éxito continuos, tanto personal como profesional.

AUTOGESTIÓN

Prepárese para explorar el siguiente tema crucial: la autogestión. La capacidad de gestionarse a uno mismo, incluidas sus emociones, tiempo y recursos, es fundamental para alcanzar el éxito y la satisfacción tanto en la vida profesional como personal.

El siguiente capítulo le proporcionará conocimientos y técnicas valiosas para mejorar su autogestión, ayudándole a navegar de forma más eficiente y decidida hacia sus objetivos.

AUTOGESTIÓN

La autogestión es una habilidad esencial que impregna todos los aspectos de la vida, permitiéndonos gestionar nuestras emociones, comportamientos, tiempo y recursos de forma eficaz. Este capítulo aborda la importancia de la autogestión para lograr el éxito y la satisfacción, tanto profesional como personalmente, y ofrece estrategias para mejorarla.

ENTENDIENDO LA AUTOGESTIÓN

La autogestión implica una serie de habilidades y prácticas que permiten a una persona dirigir su propio comportamiento y bienestar de forma productiva y saludable. Esto incluye establecer objetivos, planificar y priorizar tareas, gestionar el tiempo de forma eficaz, regular las emociones y aumentar la automotivación.

¿PORQUE ES IMPORTANTE?

La autogestión eficaz es crucial porque:

- Aumenta la productividad y la eficiencia optimizando el uso del tiempo y los recursos.

- Mejora la capacidad de afrontar el estrés y la adversidad, fomentando la resiliencia.

- Facilita la consecución de objetivos personales y profesionales.

- Contribuye a relaciones más sanas y a una comunicación eficaz, gestionando las propias emociones y reacciones.

ESTRATEGIAS PARA MEJORAR LA AUTOGESTIÓN

Para fortalecer sus habilidades de autogestión, considere los siguientes enfoques:

- **Establece metas claras:** Establece objetivos específicos, medibles, alcanzables, relevantes y con plazos determinados (SMART) para dirigir tus esfuerzos de manera efectiva.

- **Desarrollar planes de acción:** para cada objetivo, cree un plan detallado sobre cómo pretende lograrlo, incluidos los pasos específicos, los plazos y los recursos necesarios.

- **Priorizar tareas:** utilizar herramientas y técnicas de gestión del tiempo, como listas de tareas y la matriz de Eisenhower, para identificar y centrarse en las actividades más importantes.

- **Cultivar la disciplina:** Desarrolla rutinas y hábitos que apoyen tus metas y objetivos, manteniéndote firme en su ejecución, incluso ante los desafíos.

- **Gestiona tus emociones:** Aprende técnicas de inteligencia emocional para reconocer, comprender y regular tus emociones, especialmente en situaciones de presión o estrés.

- **Mantente motivado:** identifica lo que te motiva y utiliza estos factores para aumentar tu energía y compromiso con tus objetivos.

PENSAR SOBRE

Reflexiona sobre cómo te gestionas actualmente en los diferentes ámbitos de tu vida. ¿Qué aspectos de la autogestión ya domina y cuáles deben mejorar?
La autogestión es la base para una vida profesional y personal exitosa y equilibrada. Al mejorar sus habilidades de autogestión, obtendrá un mayor control sobre su viaje, lo que le permitirá navegar con confianza hacia sus objetivos.

PERSUASIÓN E INFLUENCIA

El próximo capítulo analizará las habilidades de persuasión e influencia, mostrando cómo son cruciales para liderar, negociar y promover un cambio efectivo. La capacidad de persuadir e influir en los demás puede abrir puertas y crear oportunidades, tanto en la vida personal como profesional. Prepárate para explorar técnicas y estrategias para desarrollar tu capacidad de persuadir y ejercer una influencia positiva a tu alrededor.

PERSUASIÓN E INFLUENCIA

El arte de la persuasión y el poder de influencia son herramientas fundamentales en el repertorio de cualquier profesional. Este capítulo explora cómo la capacidad de persuadir e influir positivamente en otros puede abrir puertas, crear oportunidades y facilitar un liderazgo, negociación e implementación de cambios efectivos. Aquí aprenderá técnicas y estrategias para desarrollar su capacidad de impactar decisiones y comportamientos, maximizando su potencial de éxito.

ENTENDIENDO LA PERSUASIÓN Y LA INFLUENCIA

La persuasión es el proceso de convencer a alguien de que haga algo o acepte una idea a través de la comunicación, sin el uso de la fuerza o la coerción. La influencia, por otro lado, se refiere a la capacidad de afectar el carácter, desarrollo o comportamiento de alguien o algo. Juntas, estas habilidades le permiten guiar las interacciones hacia resultados mutuamente beneficiosos.

¿POR QUÉ SON IMPORTANTES?

Persuadir e influir son cruciales porque:

- Facilitar un liderazgo efectivo, permitiéndole inspirar y motivar a su equipo.

- Ayudan a negociar acuerdos favorables y resolver conflictos.

- Permitir la promoción y defensa de ideas, proyectos e innovaciones.

- Contribuir a la construcción de relaciones profesionales sólidas y redes de contacto.

DESARROLLO DE HABILIDADES DE PERSUASIÓN E INFLUENCIA

Para mejorar sus habilidades de persuasión e influencia, considere las siguientes prácticas:

- **Conozca a su audiencia:** comprenda las necesidades,

deseos y motivaciones de aquellos en quienes desea influir, adaptando su enfoque según sea necesario.

- **Comunicar con claridad y convicción:** Sea claro en su mensaje y transmítalo con seguridad para inspirar confianza en los demás.

- **Establecer credibilidad:** construir y mantener una reputación de confiabilidad, competencia e integridad.

- **Utilizar la reciprocidad:** Las personas tienden a devolver lo que reciben. Ofrece ayuda, información o recursos antes de pedir algo a cambio.

- **Aplicar prueba social:** Demuestra que tus ideas o propuestas cuentan con el apoyo o aprobación de otros, especialmente de individuos o grupos respetados.

- **Involucre las emociones:** además de presentar argumentos y datos lógicos, involucre las emociones de su audiencia. Las historias personales, las metáforas y los ejemplos que despiertan sentimientos pueden ser poderosos.

- **Demostrar empatía:** Demuestre que comprende y valora las perspectivas y sentimientos de los demás. Esto puede ayudar a reducir la resistencia y generar confianza.

- **Sea flexible:** esté preparado para ajustar su enfoque en función de los comentarios y reacciones de su audiencia. La flexibilidad demuestra consideración y respeto por los puntos de vista de los demás.

PENSAR SOBRE

Piensa en situaciones en las que necesitabas persuadir o influir en alguien. ¿Qué estrategias funcionaron? ¿Qué podrías haber hecho diferente? Reflexionar sobre estas experiencias puede proporcionar información valiosa para mejorar sus habilidades de persuasión e influencia.

Desarrollar la capacidad de persuadir e influir es un proceso continuo que requiere práctica, reflexión y adaptación. Al mejorar estas habilidades, se vuelve más capaz de liderar de manera efectiva, impulsar cambios positivos y lograr sus objetivos profesionales y personales.

RETROALIMENTACIÓN Y AUTOCRÍTICA CONSTRUCTIVA

En el futuro, el próximo capítulo abordará la importancia de la retroalimentación y la autocrítica constructiva. La capacidad de dar, recibir y aplicar comentarios de manera productiva es esencial para el crecimiento personal y profesional. Además, cultivar la capacidad de autoevaluación crítica permite identificar áreas de mejora y actuar de forma proactiva. Prepárese para explorar cómo se pueden desarrollar y aplicar estas habilidades para fomentar el desarrollo y la excelencia continuos.

RETROALIMENTACIÓN Y AUTOCRÍTICA CONSTRUCTIVA

La retroalimentación y la autocrítica constructiva son herramientas esenciales para el crecimiento y la mejora continua en el entorno profesional y personal. Este capítulo explora la importancia de dar y recibir retroalimentación de manera efectiva, así como de practicar la autocrítica de manera productiva, dirigida al desarrollo personal y la mejora de habilidades.

ENTENDIENDO LA RETROALIMENTACIÓN Y LA AUTOCRÍTICA CONSTRUCTIVA

La retroalimentación se refiere a información o crítica sobre el desempeño de alguien, destinada a guiar mejoras futuras. La autocrítica constructiva es la capacidad de evaluar críticamente el propio desempeño, reconociendo tanto los éxitos como los fracasos e identificando áreas de desarrollo.

¿POR QUÉ SON IMPORTANTES?

- **Comentarios:** Proporciona perspectivas externas sobre su desempeño, destacando áreas de fortaleza y oportunidades de crecimiento.

- **Autocrítica constructiva:** Fomenta el autoconocimiento y la responsabilidad personal para el desarrollo continuo, permitiéndote convertirte en tu propio mentor.

DESARROLLO DE LA PRÁCTICA DE RETROALIMENTACIÓN Y AUTOCRÍTICA CONSTRUCTIVA

Para beneficiarse plenamente de la retroalimentación y la autocrítica constructiva, considere las siguientes estrategias:

- **Crear un ambiente de apertura:** Fomente un ambiente donde la retroalimentación se vea como una herramienta de desarrollo, no como una crítica personal.

- **Sé específico:** Tanto al dar como al recibir feedback, sé específico. Centrarse en ejemplos concretos hace que la retroalimentación sea más comprensible y aplicable.

- **Centrarse en el comportamiento, no en la persona:** Al dar retroalimentación, centrarse en comportamientos o acciones específicas que se puedan cambiar, evitando juicios de carácter.

- **Practica la escucha activa:** cuando recibas comentarios, escucha atentamente, haz preguntas para aclarar y no te apresures a defenderte.

- **Establecer planes de acción:** Utilizar la retroalimentación y la autocrítica para desarrollar planes de acción específicos encaminados a la mejora personal y profesional.

- **Lleve un diario de reflexión:** registre reflexiones sobre su desempeño, los comentarios recibidos y el progreso hacia sus objetivos. Esto puede ayudar a identificar patrones y áreas de mejora continua.

PENSAR SOBRE

Considere momentos recientes en los que haya recibido comentarios. ¿Cómo reaccionaste? ¿Hay algo que podría hacer diferente para aprovechar mejor esta oportunidad de aprendizaje? Asimismo, piensa en cómo abordas la autocrítica. ¿Está equilibrado y orientado al crecimiento?

Dominar el arte de la retroalimentación y la autocrítica constructiva es fundamental para cualquier profesional que aspire al crecimiento y la excelencia. Estas prácticas no sólo promueven el desarrollo personal y profesional, sino que también fortalecen las relaciones laborales al fomentar la comunicación abierta y el apoyo mutuo.

INTEGRANDO LAS HABILIDADES BLANDAS DEL FUTURO

A medida que nos acercamos al final de este libro, el próximo capítulo servirá como conclusión, revisando los temas tratados y reflexionando sobre cómo integrar de manera efectiva todas las habilidades interpersonales discutidas para prepararse para un futuro profesional dinámico y en constante evolución. Prepárese para consolidar su aprendizaje y trazar un camino a seguir, equipado con las habilidades interpersonales y personales necesarias para el éxito.

INTEGRANDO LAS HABILIDADES BLANDAS DEL FUTURO

A lo largo de este libro, exploramos una amplia gama de habilidades sociales esenciales que lo prepararán para enfrentar con confianza el futuro del trabajo. Desde la adaptabilidad y el pensamiento crítico hasta el liderazgo y la gestión del cambio, cada capítulo proporcionó ideas y estrategias para desarrollar las habilidades interpersonales y personales más valoradas en el mundo profesional moderno. Este capítulo final pretende reunir estos conceptos y ofrecer información sobre cómo integrar eficazmente estas habilidades en su viaje de desarrollo continuo.

REVISIÓN DE HABILIDADES BLANDAS ESENCIALES

Cada habilidad social tratada en este libro contribuye a un conjunto de habilidades que lo convierten no solo en un profesional más capaz, sino también en una persona más resiliente, adaptable y eficaz en cualquier entorno laboral. Recuerda eso:

- **La adaptabilidad y la flexibilidad** son fundamentales en un mundo en constante cambio.

- **El pensamiento crítico y la resolución de problemas** le permiten afrontar desafíos complejos con claridad e innovación.

- **La creatividad y la innovación** abren puertas a nuevas ideas y soluciones.

- **La inteligencia emocional** y **las habilidades de comunicación** fortalecen sus relaciones y facilitan la colaboración efectiva.

- **El liderazgo** inspira a otros a lograr juntos objetivos comunes.

- **El aprendizaje continuo** garantiza que se mantenga relevante y a la vanguardia de las curvas cambiantes.

INTEGRANDO HABILIDADES BLANDAS EN TU VIDA

Integrar estas habilidades sociales en su vida profesional y personal no es un evento único, sino un proceso continuo de crecimiento y adaptación. A continuación se ofrecen algunos consejos para incorporar estas habilidades de forma eficaz:

- **Autoevaluación:** tómate un tiempo periódicamente para reflexionar sobre tus habilidades actuales y áreas de desarrollo. Utilice la retroalimentación de sus compañeros, mentores y su propia autocrítica constructiva.

- **Establece objetivos de desarrollo:** Con base en tu autoevaluación, establece objetivos claros para desarrollar habilidades blandas específicas. Cree planes de acción detallados con pasos prácticos.

- **Práctica deliberada:** Dedicar tiempo a practicar nuevas habilidades, ya sea a través de simulaciones, participación en talleres o desafíos cotidianos en el trabajo.

- **Busque comentarios:** manténgase abierto a los comentarios y considérelo como una oportunidad valiosa para un crecimiento continuo.

- **Mantén la curiosidad:** sé un aprendiz permanente, buscando siempre nueva información, habilidades y experiencias.

MIRANDO HACIA EL FUTURO

A medida que se embarca en su viaje continuo de desarrollo personal y profesional, recuerde que las habilidades sociales son tan importantes como las habilidades técnicas. Son la base sobre la que se construye el éxito duradero, especialmente en un mundo que valora la adaptabilidad, la innovación y la colaboración. Equipado con las estrategias y conocimientos proporcionados en este libro, estará preparado para enfrentar los desafíos del futuro del trabajo, convirtiendo cada oportunidad en éxito.

Le recomendamos que revise los capítulos de este libro siempre que necesite orientación o inspiración, recordando que el desarrollo de habilidades interpersonales es un viaje continuo, enriquecido con cada nueva experiencia y aprendizaje a lo largo del camino.

Al pasar juntos la página final de este viaje, espero sinceramente que los aprendizajes compartidos aquí hayan tocado su corazón y hayan generado nuevas perspectivas. Si este libro le ha aportado algún valor, le pido que se tome unos minutos para dejar una reseña en Amazon. Tus palabras no sólo me ayudan a crecer y perfeccionar mi oficio, sino que también guían a otros lectores en su búsqueda de conocimiento e inspiración. Tu opinión es un regalo valioso, tanto para mí como para la comunidad de lectores que buscan historias que transformen. Sinceramente les agradezco por compartir este viaje conmigo y espero que podamos volver a encontrarnos en las páginas de una nueva aventura.

REGINALDO OSNILDO

Hola, soy Reginaldo Osnildo, autor e innovador en las áreas de ventas, tecnología y estrategias de comunicación. Mi experiencia abarca desde el ámbito académico, como profesor e investigador de la Universidad del Sur de Santa Catarina, hasta ejercer como estratega en el Grupo Catarinense de Rádios. Con un doctorado en narrativas de ventas y convergencia digital, y una maestría en narración de historias e imaginario social, ofrezco a mis lectores una fusión única de teoría y práctica. Mi objetivo es aportar conocimientos en un lenguaje sencillo, práctico y didáctico, fomentando su aplicación directa en la vida personal y profesional.

Tuyo sinceramente

Reginaldo Osnildo

+55 48 991913865

reginaldoosnildo@gmail.com

www.ingramcontent.com/pod-product-compliance
Lightning Source LLC
Chambersburg PA
CBHW070108230526
45472CB00004B/1161